두근두근 멋진 것들의 하루

샤크

고래상어, 귀상어, 백상아리 등 다양한 상어와 함께
야생으로 떠나는 24시간의 모험!

물주는하이

차례

4 　상어의 세계에 오신 것을 환영합니다!

6 　상어의 몸을 소개합니다!

8 　오전 8시 　입을 크게 쩍!

10 　오전 9시 　귀상어와 노랑가오리

12 　오전 10시 　날쌘 악마

14 　오전 11시 　맹그로브 숲까지 빨리빨리!

16 　뾰족뾰족 상어 이빨

18 　오후 12시 　물범을 잡아라!

20 　오후 1시 　누가 잠을 깨우지?

22	오후 2시	친구들과 사냥하기
24	오후 3시	걸어 다니는 상어
26		상어는 어디에서 살까?
28	오후 4시	포식자들의 싸움
30	오후 5시	어이쿠, 낚였네!
32	오후 6시	무시무시한 아기 상어
34	오후 7시	별난 상어
36		거칠거칠 상어 피부
38	오후 8시	사냥을 시작하는 수염상어
40	오후 9시	별빛 아래에서의 식사
42	오후 10시	위험을 피해 숨기
44	오후 11시	밤에 먹는 간식
46		용어 설명
47		찾아보기

상어의 세계에 오신 것을 환영합니다!

나는 어릴 때부터 상어를 무척 좋아했어요! 상어와 그들의 놀라운 능력을 알면 알수록 더욱 더 상어에 빠져들었지요. 상어를 두려워하는 마음보다 호기심이 더 앞섰어요. 지금은 바다에 사는 동물들을 연구하는 **해양생물학자**예요. 그래서 상어를 가까이에서 살펴볼 수 있는 기회가 많아요.

전 세계 바다에는 **500여 종**의 상어가 살고 있어요. 상어는 모양과 무늬와 크기가 아주 다양해요. 정말로 별난 종류도 있지요. 또 해마다 새로운 종이 발견되고 있어요! 나는 상어를 연구하는 과학자라서 배를 타고 나가 이 놀라운 동물들을 관찰하며 많은 시간을 보낸답니다. 상어에 대해 가능한 한 많이 연구해서 인간이 상어에게 어떤 영향을 미치는지 밝혀내려고 해요. 현재 많은 상어가 멸종 위기에 처해 있어요. 우리가 상어에게 어떤 영향을 주는지 많이 알수록 상어를 더 잘 보호할 수 있을 거예요.

상어 연구자로서 내가 해야 할 또 한 가지 일은 **상어를 둘러싼 오해**를 바로잡는 거예요. 많은 사람이 상어를 사람에게 무작정 달려드는 살인 동물이라고 생각하지만, 절대 그렇지 않아요! 상어는 지능이 아주 뛰어나고, 상어가 사는 물속은 온갖 수수께끼와 신비로움으로 가득해요. 이 책에서는 그 세계를 돌아다니면서 상어의 진짜 모습을 살펴볼 거예요. 자, 그럼 이제 상어를 따라다니면서 그들이 하루 종일 무엇을 하는지 알아봐요!

칼리 잭슨

상어의 몸을 소개합니다!

상어는 가오리와 함께 판새류라는 어류에 속해요. 상어는 종이 많은데, 이 모든 상어는 공통점이 있어요. 이 물속 포식자가 뛰어난 사냥꾼인 이유를 살펴볼까요?

등지느러미
헤엄칠 때 양옆으로 흔들리지 않게 균형을 잡아 줘요.

꼬리지느러미
꼬리지느러미는 추진력을 일으켜요. 추진력이란 앞으로 나아가게 하는 힘이지요. 상어의 움직임은 대부분 꼬리지느러미에서 시작돼요.

방어 피음
몇몇 상어는 배 쪽보다 등 쪽 색깔이 훨씬 더 어두워요. 그래서 먹이에게 다가갈 때 밑에서부터 올라가면 어두워서 잘 들키지 않아요.

가슴지느러미
가슴지느러미는 비행기 날개처럼 주로 방향을 잡거나 균형을 잡을 때 사용해요.

상어는 모두 물고기예요. 하지만 모든 물고기가 상어는 아니에요!

눈
상어는 시력이 아주 좋아요.
또한 종류와 사는 곳에 따라
눈의 크기와 모양이 달라요.

콧구멍
상어는 후각도 아주 좋아요.
주둥이에 난 두 콧구멍은
물속에서 냄새를 맡는 데 쓰여요.

로렌치니 기관
주둥이에는 젤리 같은 것이 차 있는
작은 구멍들이 많이 있어요.
이를 로렌치니 기관이라고 해요.
상어는 이 기관으로 먹잇감에서
뿜어져 나오는 전기 신호를 찾아내요.

이빨
상어의 입에는 날카로운 이빨들이
여러 겹으로 나 있어요. 앞쪽 이빨이 빠지면
뒤쪽에 있던 이빨이 앞으로 밀려 나와요.

아가미
상어는 아가미로 호흡을 해요.
헤엄칠 때 입으로 들어간 물이
아가미로 흘러나와요. 이때 물에 들어 있는
산소가 아가미 혈관으로 흡수되어
온몸으로 보내져요.

뼈대
상어의 뼈는 물렁뼈(연골)로 이루어져 있어요.
우리의 귀와 코에도 들어 있는 뼈예요.
물렁뼈는 굳뼈(경골)보다 더 부드럽고 가볍고 유연해요.
덕분에 상어는 물에 더 잘 뜨고, 더 빨리 헤엄칠 수 있어요.

오전 8시 — 입을 크게 쩍!

상어는 무려 4억 년 전부터 바다를 헤엄치며 돌아다녔어요. 나무보다도 더 먼저 생겨났어요! 이렇게 긴 세월을 살아남을 수 있었던 이유는 상어가 놀라울 정도로 **다양**하기 때문이에요. 세상에는 아주 많은 종류의 상어가 살고 있거든요.

먼저 아일랜드 해안으로 가 볼까요? 이곳에는 수정처럼 투명한 물속을 홀로 천천히 나아가는 **돌묵상어**가 살고 있어요.

돌묵상어는 아주 느릿느릿 헤엄쳐요.

돌묵상어는 **물고기 중에서 두 번째로 큰 종**이에요. 이들은 아주 작은 생물인 플랑크톤을 주로 먹어요. 돌묵상어가 갑자기 입을 쩍! 벌리네요. 그러면 입속은 아주 많은 플랑크톤을 걸러 먹는 커다란 그물이 돼요. 이를 **여과 섭식**이라고 해요. 돌묵상어는 배가 부를 때까지 입을 벌린 채 헤엄칠 거예요.

다른 곳에서는… 수염상어가 산호 밑에서 편히 낮잠을 잘 곳을 찾고 있어요. 낮 동안 계속 잘 거예요.

귀상어와 노랑가오리

큰귀상어가 카리브해의 바하마 제도 해안에서 우아하게 헤엄치며 사냥 중이에요. 큰귀상어는 바다의 왕답게 높이 솟은 등지느러미와 근육으로 가득 찬 매끈한 몸을 지녔어요. **망치 모양의 머리**를 이용해 바다 밑바닥을 훑으면서 좋아하는 먹이를 찾고 있네요. 모래 위에서 머리를 양옆으로 빠르게 움직이면서요. 찾으려는 먹이는 바로 노랑가오리예요!

모든 상어들처럼 귀상어도 **로렌치니 기관**이 있어요. 얼굴에 까만 주근깨처럼 나 있지요. 귀상어는 이 기관으로 노랑가오리의 몸에서 나오는 전기 신호를 찾아내요. 마치 살아 있는 금속 탐지기 같아요!

바로 옆에서 노랑가오리가 모래에 몸을 파묻은 채 쉬고 있네요. **삐익!** 큰귀상어가 전기 신호를 알아차렸어요. 몸을 돌려 전기 신호 쪽으로 다가가자 신호가 더 세져요. 먹이가 가까워지고 있어요. 드디어 찾았어요! 큰귀상어가 노랑가오리를 덥석 물어 사냥에 성공했네요.

오전 10시

날쌘 악마

청상아리는 세상에서 가장 빠른 상어예요! 먼바다에서는 그 어떤 것도 청상아리를 따라올 수 없어요. 근육질로 이루어진 커다란 꼬리지느러미에서부터 뾰족한 주둥이에 이르기까지, 청상아리는 물속에서 가장 빠르게 나아갈 수 있는 **어뢰**처럼 생겼어요. 청상아리는 이 능력에 걸맞게 아주 날쌔게 움직이는 물고기를 주로 잡아먹어요. 우리 친구 청상아리가 점점 빠르게 헤엄치기 시작해요. 앞에 **참다랑어** 떼가 보여요. 참다랑어도 빠른 물고기 중 하나이지요. 청상아리는 꼬리를 몇 번 힘차게 치더니 참다랑어 떼를 금방 따라잡아요. 참다랑어도 빠르지만, 청상아리는 더 빠르거든요. 참다랑어 떼가 알아차리기도 전에 순식간에 **덥석!** 참다랑어 한 마리가 청상아리에게 먹혔네요.

오전 11시

맹그로브 숲까지 빨리빨리!

바하마 비미니 해안의 얕은 물에서 어린 포식자가 세상을 탐험하는 중이에요. 몇 주 전에 태어난 **레몬상어**예요. 태어나자마자 상어다운 행동을 해서 어미의 도움을 받을 필요가 없지요. 그런데 문제가 하나 있어요. 아직 몸집이 작고, 자라는 데 시간이 오래 걸린다는 점이에요!

이곳 얕은 물에는 무시무시한 **꼬치고기**가 살고 있어요. 갓 태어난 상어보다 훨씬 무서운 포식자예요. 꼬치고기에게 잡아먹히기 전에 빨리 숨을 곳을 찾아야 해요!

다행히 가까운 곳에 **맹그로브 숲**이 있어요. 맹그로브는 막대기 같은 긴 뿌리를 얕은 물속에 뻗으며 자라는 나무예요. 새끼 레몬상어는 이 뿌리 사이에 숨기 위해 온 힘을 다해 헤엄쳐요. 꼬치고기가 따라오지 못하기를 바라면서요. 마침내 맹그로브 뿌리 사이로 숨었어요. 휴, 이제 안전해요.

다른 곳에서는… 돌묵상어가 물 위로 뛰어올랐다가 물속으로 떨어져요. 피부에 달라붙어서 간지럽히는 기생 생물을 떼어 내려는 거예요.

뾰족뾰족 상어 이빨

상어의 입안에는 크고 날카로운 이빨이 가득해요. 그리고 상어는 종마다 이빨의 모양과 크기가 아주 다양해요. 주로 어떤 먹이를 먹는지에 따라 다르지요. 진주처럼 새하얀 상어 이빨들을 살펴봐요.

황소상어
먹이의 뼈를 부술 수 있을 정도로 튼튼한 이빨과 턱을 갖고 있어요.

레몬상어
이빨이 입안에 여러 겹으로 줄지어 나요. 이빨이 빠지면 다른 이빨이 빈자리를 메워요. 이 뾰족한 이빨은 먹이를 물어서 통째로 삼키는 데 쓰여요.

수염상어
바닷가재 같은 먹이의 단단한 껍데기를 부수는 데 알맞아요. 양쪽에 튀어나온 돌기는 먹이가 빠져나가지 못하게 누르는 역할을 해요.

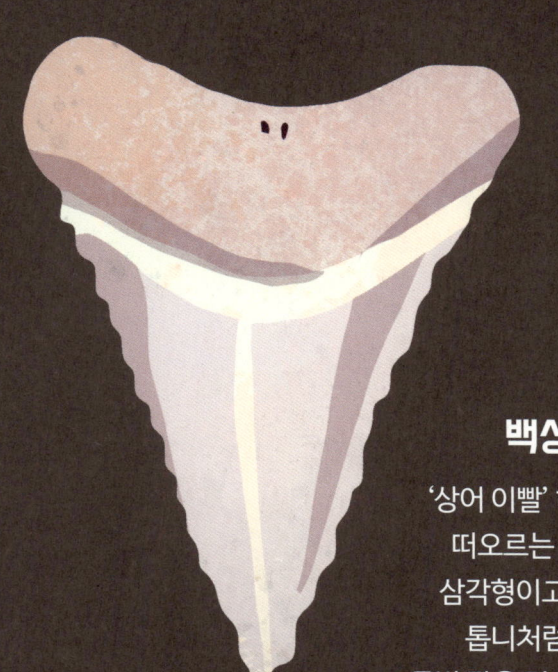

백상아리
'상어 이빨' 하면 가장 먼저
떠오르는 모양이에요.
삼각형이고, 가장자리가
톱니처럼 생겼어요.
물범 같은 먹이의 질긴 피부를
뚫고 찢는 데 알맞아요.

뱀상어
뱀상어는 아주 다양한 먹이를 먹어요.
그중 가장 좋아하는 먹이는 바다거북이에요.
뱀상어의 이는 가장자리가 톱니처럼 생겼고,
한쪽이 움푹 들어가 있어요.
거북의 단단한 껍데기를 물어서
으깨는 데 알맞답니다.

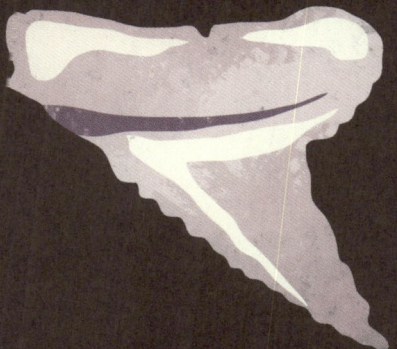

모래뱀상어
길고 좁고 뾰족한 모양이라
오징어와 물고기 같은
미끄러운 먹이를 잡는 데 알맞아요.

청상아리
아주 빠른 물고기인
다랑어를 잡기에 알맞아요.
날카롭고 뾰족한 이빨로
달아나지 못하게 꽉 물지요.

큰귀상어
큰귀상어의 이빨은 한쪽으로
기울어진 삼각형 모양이에요.
이 이빨은 미끄럽고 납작한
노랑가오리를 잡는 데 알맞아요.
톱니는 질긴 피부를 가르는 데 사용해요.

17

남아프리카 해안의 한 섬에 물범이 가득해요. 물범들은 먹이를 찾기 위해 **안전한 섬**을 떠나 먼 곳까지 갈 거예요. 이럴 때는 흩어지지 않고 함께 몰려다니지요. 배고픈 물범들이 물속으로 미끄러져 들어와요. 작은 무리로 나뉘어 사냥을 하러 떠나네요. 그런데 잠깐! 지금 왠지 오싹한 느낌이 들어요.

아래쪽 탁한 물속에 숨어 있는 배고픈 포식자가 물범들을 몰래 지켜보고 있어요. 바다의 **최상위 포식자** 백상아리예요. 기회를 엿보던 백상아리가 좀 뒤처진 물범 한 마리를 발견했어요. 백상아리는 빠르게 치솟아 입을 쩍! 벌린 채 물 위로 뛰어올라요. **휙!** 물범은 가까스로 피해서 재빨리 무리를 쫓아가요. 물범 무리는 다시 섬으로 올라가요. 백상아리는 사냥에 실패했지만, 다시 기회를 노릴 거예요.

오후 1시 — 누가 잠을 깨우지?

중앙아메리카 벨리즈 해안의 산호초 위에서 두 사람이 스노클링을 하고 있어요. 이곳은 세계에서 두 번째로 산호초가 많이 모여 있어요. 두 사람은 아쿠아리움에서 헤엄치는 느낌일 거예요. 이곳에는 온갖 색깔의 물고기와 산호, 그리고 다양한 바다 생물이 가득해요. 잠이 아주 많은 포식자인 우리 친구 수염상어도 살고 있지요. 수염상어는 몸을 숨긴 채 낮잠을 자기에 딱 좋은 곳에서 자고 있어요. **야행성**이라 낮에는 잠을 자고 밤에 활동하지요.

대부분의 상어는 물속을 헤엄치면서 입과 아가미를 이용해 호흡을 해요. 하지만 수염상어는 바다 밑에 멈춘 상태에서 볼을 이용해 입으로 물을 빨아들였다가 아가미로 내보내요. 이를 **구강 호흡**이라고 해요.

스노클링을 하던 두 사람이 산호초 밖으로 삐죽 튀어나온 수염상어의 꼬리를 발견했어요. 그들은 꼬리를 자세히 보려고 수염상어에게 가까이 다가가요. **깜짝이야!** 우리 친구 수염상어가 놀라서 휙 튀어나와요. 다시 잠을 자기 위해 새로운 곳을 찾아 떠나야겠네요.

오후 2시 — 친구들과 사냥하기

레몬상어는 피부가 노란색이라서 레몬이라는 이름이 붙었어요.

배고픈 새끼 레몬상어가 안전한 맹그로브 뿌리 사이에서 나와 먹이를 사냥하러 가요. 주위에 포식자는 없어요. **물속이 맑아서** 잘 보이거든요. 상어는 조심스럽게 헤엄쳐 나와 탁 트인 바다로 향해요.

다른 어린 레몬상어들도 사냥을 하고 있네요. 형제자매일 수도 있어요. 이들은 혼자 돌아다니는 것보다 **여럿이 모여** 다녀야 살아남을 가능성이 높다는 것을 알아요. 그래서 배고픈 새끼 상어들은 먹이를 찾아 함께 해초가 자라는 곳으로 헤엄쳐 가요. 가장 큰 친구가 앞장서서 작은 물고기를 쫓아가요. 꼬치고기 같은 포식자에 맞설 수 있을 정도로 빨리빨리 크게 자라려면 많이 먹어야 해요.

다른 곳에서는… 보닛헤드귀상어가 먹이를 잡았어요. 가장 좋아하는 먹이인 오징어를 잡았네요. 냠냠! 오늘 점심 식사는 최고예요!

걸어 다니는 상어

오후가 되니 오스트레일리아 앞바다에 썰물이 빠졌어요. 바닷물이 밀려 나가 여기저기 **바위 웅덩이**가 생겼네요. 에폴렛상어는 이때를 기다렸다가 사냥을 시작해요. 바위 사이에 바닷물이 고인 작은 물웅덩이! 바로 이런 곳이 에폴렛상어의 사냥터예요.

몇 시간 전만 해도 에폴렛상어는 물속에서 바위 사이를 헤엄치고 있었어요. 썰물 때문에 이제는 완전히 물 밖으로 나왔지만 괜찮아요. 3시간 정도는 **물 밖에서 살 수 있거든요!** 헤엄치는 대신에 펄럭거리는 커다란 지느러미로 바닥을 디디면서 바위 웅덩이들을 돌아다녀요. 가슴지느러미와 배지느러미를 이용해 몸을 앞으로 밀며 꿈틀꿈틀 나아가요. 얕은 바다의 바위 웅덩이에는 물고기가 갇히는 경우가 많아 먹이를 쉽게 잡을 수 있어요. 달아날 곳이 없으니까요!

상어는 어디에서 살까?

상어는 춥고 컴컴한 깊은 바다나 따뜻하고 얕은 물에 이르기까지 아주 다양한 곳에 살아요. 상어는 전 세계 거의 모든 바다에서 살고 있어요.

먼바다

해안에서 한참을 나가면 먼바다가 나와요. 파란 바다가 끝없이 펼쳐진 곳이에요. 원양이라고도 하지요. 이런 먼바다에 주로 사는 상어를 원양 상어라고 해요. 이들은 땅이 보이지 않는 바다를 수천 킬로미터씩 계속 돌아다니며 살아요.

산호초

산호초는 물속의 숲이에요. 가장 다양한 생물이 사는 바다 서식지이지요! 먹이가 아주 다양하기 때문에 이 아름다운 물속 구조물을 집으로 삼은 상어도 많답니다.

인공 산호초

물속에 있는 부서진 배, 추락한 비행기와 자동차 등은 인공 산호초가 될 수 있어요. 시간이 흐르면 상어를 비롯한 다양한 바다 생물들이 모여 멋진 서식지를 이뤄요. 스노클링을 하기도 참 좋아요!

켈프 숲

켈프는 아주 크게 자라는 다시마류의 식물이에요. 물의 온도가 낮은 바닷속에서 드넓은 숲을 이루지요. 상어가 몰래 돌아다니면서 먹이를 잡기에도 딱 좋은 곳이에요.

맹그로브 숲

맹그로브는 짠물에서 살 수 있는 나무예요. 맹그로브의 뿌리는 따뜻하고 얕은 바다에 사는 작은 동물들의 서식지이지요. 어린 상어들이 살기에 좋은 곳이랍니다.

오후 4시 포식자들의 싸움

백상아리는 무서운 것이 없는 바다의 지배자 같다고요? 아니에요! 백상아리도 두려워하는 게 있어요. 아까 점심 때 물범을 잡는 데 실패한 우리 친구 백상아리가 남아프리카 해안의 사냥터를 돌아다니고 있어요. 오늘 오후에는 운 좋게 먹이를 잡을 수 있을까요?

안타깝게도 이곳에서 맛 좋은 물범을 찾아다니는 **최상위 포식자**는 백상아리만이 아니에요. 백상아리는 갑자기 무시무시한 무언가가 다가오는 것을 느꼈어요. 아주 멀리서 들리는 이 소리는 분명 범고래 떼예요!

범고래는 **영리한 포식자**예요. 무리를 지어 다니며 전략을 짜서 사냥을 하지요. 백상아리보다 훨씬 더 커요. 심지어 백상아리를 공격해서 잡아먹기도 해요! 백상아리는 이제 본능적으로 이곳이 위험하다는 걸 알아챘어요. 그래서 방향을 돌려서 빨리 빠져나가요. 이제 이곳은 백상아리에게 안전한 곳이 아니에요. 길게는 1년 안에는 이곳에 돌아오지 않을 거예요.

범고래는 단백질이 풍부한 백상아리의 간을 노려요.

오후 5시

어이쿠, 낚였네!

청상아리가 오후 늦게 먼바다에서 헤엄을 치고 있어요. 둘러보니 위쪽에 물고기 한 마리가 보여요. **덥석!** 물었는데 앗! 입에 뭔가가 걸렸어요. 게다가 그 상태로 위로 잡아당겨지고 있네요.

물 위에 떠 있는 배에는 해양생물학자들이 타고 있어요. 그들은 이 청상아리에게 **위치 추적기**를 달려고 해요. 이 청상아리가 어떤 행동을 하는지 추적하여 살펴보려는 거예요. 생물학자들은 청상아리가 물속에서 **숨을 쉴 수 있도록** 배 옆으로 청상아리를 끌어당겨요. 그다음 재빨리 청상아리의 크기를 재고, 피를 뽑고, 피부도 조금 떼어 내요. 나중에 연구실로 가서 분석할 거예요. 마지막으로 등지느러미에 위치 추적기를 달고 놓아줘요. 청상아리가 재빨리 달아나네요.

과학자들은 둥그렇게 생긴 특수한 낚싯바늘을 써서 상어를 잡아요. 상어가 다치면 안 되니까요.

위치 추적기는
수년간 작동하지만
상어가 불편해하진 않아요.

대서양 남서쪽에서 커다란 모래뱀상어가 탁한 물속을 느릿느릿 헤엄치고 있어요. 이 상어는 입이 늘 웃고 있는 모습이에요. 뾰족뾰족 날카로운 이빨들을 훤히 드러낸 채로요. 배가 불룩하게 튀어나왔는데, 이는 배불리 먹어서가 아니에요. **임신**해서예요. 몇 주 뒤에 새끼들을 낳을 거예요.

이 상어의 몸속에는 자궁이 두 개 있어요. 각 자궁 안에 있는 새끼들은 **무시무시한 싸움**을 벌이고 있어요. 처음 임신했을 때에는 새끼가 열두 마리였지만, 지금은 자궁에 몇 마리밖에 남아 있지 않아요. 새끼들이 **서로 잡아먹었거든요!** 어미 모래뱀상어의 배 속은 새끼들끼리 먹고 먹히는 전쟁터랍니다.

한 자궁에서 일찍 태어난 새끼는 알을 먹거나 늦게 태어난 형제자매를 먹으며 더욱 크게 자라요. 태어났을 때 야생에서 자신을 보호하려면 몸집이 커야 하거든요. 그래서 모래뱀상어의 자궁에서는 **가장 강한 상어**만이 살아남아요!

모래뱀상어는 자궁이 두 개이므로, 새끼를 두 마리 낳을 거예요.

오후 7시
별난 상어

미국 플로리다 앞바다의 따뜻한 물에서 귀상어 중 가장 작은 종인 **보닛헤드귀상어**가 헤엄치고 있어요. 머리를 양옆으로 흔들며 얕은 바다 밑을 빠르게 돌아다녀요. 모래에 숨은 게나 오징어를 찾으면서요.

귀상어는 바닥에서 먹잇감을 찾지 못하자 **해초밭**으로 가요. 해초에는 상어가 먹을 수 있는 작은 동물들이 많이 붙어살아요. 상어는 작은 게를 발견하고는 덥석 삼켜요. 맛있긴 하지만 아직 배가 고파요. 그래서 해초를 뜯어 먹기 시작해요! 보닛헤드귀상어는 다른 상어들과 달리 **잡식성**이거든요. 즉 동물도 먹고 식물도 먹어요. 해초도 맛있게 먹지요. 귀상어는 마지막으로 한 번 더 냠냠 뜯어 먹으며 저녁 식사를 마쳐요.

거칠거칠 상어 피부

상어의 피부는 방패 비늘이라는 아주 작은 이빨처럼 생긴 비늘로 덮여 있어요. 만지면 사포처럼 거칠어요. 방패 비늘 모양은 상어마다 조금씩 달라요. 각 종이 살아가는 데 도움이 되는, 딱 맞는 모양을 하고 있지요.

수염상어

수염상어는 산호초나 바위 밑에서 낮잠을 자요. 이런 뾰족뾰족한 구조물 사이를 돌아다닐 때 몸을 잘 보호할 수 있도록 납작하고 두껍고 튼튼한 방패 비늘이 피부를 덮고 있어요.

뱀상어

뱀상어의 방패 비늘은 아주 뾰족해요. 거친 모랫바닥에 긁히지 않게 몸을 감싸고 성가신 기생 생물이 달라붙지 못하게 막지요. 다른 상어에게 물릴 때에도 몸을 보호할 수 있어요.

청상아리

청상아리는 먹이를 잡기 위해 아주 빨리 헤엄쳐요.
그래서 방패 비늘이 좁고 매끄럽지요.
이런 모양은 물속을 빠르게 나아가는 데
도움이 돼요.

오후 8시 — 사냥을 시작하는 수염상어

해가 지고 어두워지자, 산호초 밑에서 잠을 자던 수염상어가 깨어나요. 스노클링을 하던 사람들 때문에 한 번 깨긴 했지만, 그 뒤로는 푹 잘 수 있었어요. 달이 뜰 무렵에 산호초 주변은 조용해요. 다른 물고기들은 잠을 자기 위해 안전한 곳으로 숨어들었지만, 수염상어의 하루는 이제 막 시작되었어요.

수염상어는 날개 같은 **커다란 가슴지느러미**를 바닥에 대고서 몸을 밀어 올려요. 바다 밑에서 천천히 미끄러지듯 다니면서 먹이를 찾아요.

주위가 온통 컴컴해요. 안타깝게도 수염상어는 밤눈이 그리 좋지 않아요. 하지만 눈으로 볼 필요는 없어요. 콧구멍 밑에 난 **수염**으로 모래 밑에 숨어 있는 먹이를 찾을 수 있거든요.

앞쪽에서 커다란 소라가 움직이는 것을 냄새와 촉감으로 알아차려요. 재빨리 헤엄쳐 가서 덮친 뒤 입을 벌리고 힘차게 빨아들여요. **쏩!** 진공청소기처럼 껍데기 안에 있는 소라를 쏙 빨아 먹어요! 그런 뒤 특수한 이빨로 껍데기를 부수어서 남아 있는 살도 먹어 치워요. 수염상어가 이제 다른 먹이를 찾아 나서요.

오후 9시 별빛 아래에서의 식사

하늘에 떠 있는 반짝이는 별들과 밝은 달이 바다 위에 고스란히 비치고 있어요. 잔잔한 물결 바로 밑에는 빛나는 하늘과 잘 어울리는 거대한 동물이 천천히 움직이면서 식사를 하고 있네요. 바로 고래상어예요. 바다에서 **가장 큰 물고기**지요.

고래상어는 몸길이가 최대 18미터까지 자라요. 하지만 바다에서 가장 작은 동물인 플랑크톤을 먹어요. 플랑크톤은 바다 위쪽에서 바람과 해류에 떠밀려 다녀요.

플랑크톤

고래상어도 돌묵상어처럼 먹이를 걸러 먹어요. 이빨이 매우 작아서 씹을 수 없거든요. 입을 아주 크게 벌린 채 헤엄치면서 입에 들어오는 물을 아가미로 내보내요. 물이 아가미로 빠져나갈 때 플랑크톤은 촘촘한 그물 같은 곳에 걸려요. 별빛 아래서 몇 시간 동안 플랑크톤 수백만 마리를 먹으면서 식사를 해요.

오후 10시

위험을 피해 숨기

밤이 깊어지자 오스트레일리아의 바위 해안에 다시 물이 차올라요. 드러났던 바위 웅덩이들도 다시 바닷물에 잠기지요. 물이 들어차자 에폴렛상어는 걷지 않고 다시 헤엄을 쳐요. 산호초가 있는 곳으로 가서 쉴 곳을 찾아요. 쓸 만한 틈새를 찾기 위해 가슴지느러미로 모랫바닥을 걸으면서 살펴요. 물 바깥에서보다 물속에서 걷는 게 훨씬 더 쉽지요! 그러다 갑자기 **위험**을 느껴요. 그래서 바로 앞에 보이는 틈새로 재빨리 몸을 숨겨요. 에폴렛상어는 이 산호초에서 가장 큰 포식자가 아니라서 다른 포식자의 먹이가 될 수 있어요. 커다란 대왕바리가 산호초를 어슬렁거리며 돌아다니고 있네요. 에폴렛상어는 대왕바리가 눈치채지 못하기를 바라면서 더욱 깊이 몸을 움츠려요. 안전해질 때까지 여기서 꼼짝 않고 기다리다가 나올 거예요.

밀물과 썰물은 24시간마다 두 번씩 일어나요.

오후 11시 — 밤에 먹는 간식

늦은 밤, 특이하게 생긴 동물이 모습을 드러내요. 작지만 무시무시한 **검목상어**예요. 먹이를 먹는 방법이 과자를 만들 때 쓰는 틀인 쿠키커터를 닮아, 영어로는 쿠키커터상어라고 불러요. 검목상어는 달이 뜰 무렵에 춥고 컴컴한 깊은 바다에서 물 위쪽까지 올라와 먹이를 찾아요. 이 작은 상어는 입속에 날카로운 이빨이 둥글게 가득 나 있어요. 살집이 많은 커다란 먹이를 발견하면 겁 없이 달려들어 동그란 쿠키를 먹듯 한입 커다랗게 물지요.

검목상어는 **생물 발광**을 이용해서 먹이가 가까이 다가오도록 꾀어요. 생물 발광이란 반딧불이처럼 빛을 내는 현상이에요. 검목상어는 눈과 배가 녹색으로 빛나요.

위험을 알아차리지 못한 돌고래 한 마리가 다가오네요. 돌고래는 검목상어보다 훨씬 크지만, 이 상어에게는 완벽한 먹이예요.

검목상어는 가까이 다가가 달라붙어서 두꺼운 지방 깊숙이 이빨을 박아요. 그런 뒤 몸을 빙 돌리면서 쿠키 모양으로 살덩어리를 떼어 내요. 밤새도록 몇 번 더 이렇게 살덩어리를 떼어 먹은 뒤, 깊은 바다로 돌아가요.

다른 곳에서는… 모래뱀상어가 건강한 새끼를 두 마리 낳았어요. 새끼들은 크고 힘이 세요. 엄마 배 속에서 형제자매들을 다 잡아먹었으니까요. 태어나자마자 바다를 돌아다니면서 먹이를 사냥할 거예요!

용어 설명

구강 호흡
상어가 볼을 움직여 물을 입으로 빨아들이는 호흡 방식이에요. 하지만 대부분의 상어는 이런 능력이 없어요. 그래서 입을 크게 벌리고 계속 헤엄을 쳐야 해요. 물이 입안으로 밀려들게 하는 것이지요.

기생 생물
다른 생물의 몸 안이나 밖에 달라붙어서 살아가는 동물이에요.

로렌치니 기관
상어의 주둥이에 나 있는 작은 구멍들로, 젤리 같은 물질이 가득 차 있어요. 물속에서 전기 신호를 느끼는 기관이에요.

먹이·먹잇감
다른 동물에게 먹히는 동물이에요.

물렁뼈(연골)
상어의 뼈대를 이루는 가볍고 부드럽고 유연한 뼈예요.

밀물
바닷물이 육지 쪽으로 밀려 들어오는 현상을 뜻해요.

방어 피음
동물이 쓰는 위장술 중 하나예요. 대개 등 쪽과 배 쪽의 색깔이 다르지요. 위에서 볼 때나 아래에서 볼 때, 주변 환경과 잘 섞여서 다른 포식자들 눈에 잘 안 보여요.

방패 비늘
상어의 피부를 이루는 비늘로, 만지면 사포처럼 까끌까끌해요.

생물 발광
생물이 스스로 빛을 내는 현상이에요. 대표적인 생물로 반딧불이, 해파리 등이 있어요.

썰물
바닷물이 바다 쪽으로 빠져나가는 현상을 뜻해요.

아가미
어류의 호흡 기관이에요. 상어는 머리 옆쪽에 길쭉한 아가미구멍이 줄줄이 나 있어요.

여과 섭식
플랑크톤 같은 작은 먹이를 걸러 먹는 거예요. 입으로 들어온 물이 아가미로 나갈 때 걸러져요.

포식자
다른 동물을 잡아먹는 동물이에요.

플랑크톤
물 위쪽에 살면서 바람과 해류에 실려 떠다니는 아주 작은 생물이에요.

해류
일정한 방향과 속도로 이동하는 바닷물의 흐름을 뜻해요.

해양생물학자
바다에 사는 동물을 연구하는 과학자예요.

해초
바다에서 자라는 풀이에요. 미역이나 김 같은 바닷말과 달라요. 바닷말은 해조류라고 해요.

찾아보기

가슴지느러미	6	바하마	11, 14	중앙아메리카	20
검목상어	44~45	방어 피음	6		
고래상어	40~41	방패 비늘	36~37	참다랑어	12~13
구강 호흡	20	백상아리	17~19, 28~29	청상아리	12~13, 17, 30~31, 37
귀상어	10~11, 34~35	뱀상어	17, 32~33, 36~37, 45		
꼬리지느러미	6				
꼬치고기	14~15	범고래	28~29	카리브해	11
		벨리즈 해안	20	켈프	27
남아프리카 해안	18~19	보닛헤드귀상어	23, 34~35	쿠키커터상어	44~45
노랑가오리	10~11	비미니 해안	14	큰귀상어	10~11, 17
대서양	33	산호초	20~21, 26	플랑크톤	9, 40~41
대왕바리	42~43	생물 발광	44	플로리다	34
돌고래	45	소라	39		
돌묵상어	8~9, 15	수염상어	9, 16, 20~21, 36, 38~39	해양생물학자	30~31
등지느러미	6, 11, 30			황소상어	16
		스노클링	20~21		
레몬상어	14~15, 16, 22~23	아가미	7		
로렌치니 기관	7, 10~11	아일랜드 해안	8		
		에폴렛상어	24~25, 42~43		
맹그로브	14~15, 27	여과 섭식	9		
모래뱀상어	17, 32~33, 45	오스트레일리아	25, 42		
물범	18~19	이빨	16~17		
		인공 산호초	27		

두근두근 멋진 것들의 하루
샤크

2022년 11월 15일 초판 01쇄 발행
2023년 08월 21일 초판 02쇄 발행

글 칼리 잭슨   그림 차야 프라바트   옮김 이한음

발행인 이규상   편집인 임현숙
편집팀장 김은영   책임편집 문지연   책임마케팅 김희진
기획편집팀 문지연 이은영 강정민 정윤정 고은솔
마케팅팀 강현덕 이순복 김별 강소희 이채영 김희진 박예림
디자인팀 최희민 두형주   회계팀 김하나

펴낸곳 ㈜백도씨
출판등록 제2012-000170호(2007년 6월 22일)
주소 03044 서울시 종로구 효자로7길 23, 3층(통의동 7-33)
전화 02 3443 0311(편집)   02 3012 0117(마케팅)   팩스 02 3012 3010
이메일 book@100doci.com(편집·원고 투고)   valva@100doci.com(유통·사업 제휴)
포스트 post.naver.com/100doci   블로그 blog.naver.com/100doci   인스타그램 @growing__i

ISBN 978-89-6833-406-1 74490
ISBN 978-89-6833-403-0 74490 (세트)
물주는아이는 ㈜백도씨의 출판 브랜드입니다.

A DAY IN THE LIFE #3: Sharks by Carlee Jackson, illustrated by Chaaya Prabhat
Copyright © 2022 St. Martin's Press
First published 2022 by Neon Squid a division of Macmillan Publishers International Limited.
All rights reserved.
This Korean edition was published by Bacdoci Co., Ltd. in 2022 by arrangement with
Macmillan Publishers International Limited through KCC(Korea Copyright Center Inc.), Seoul.

이 책의 한국어판 저작권은 한국저작권센터(KCC)를 통한 저작권사와의 독점 계약으로 ㈜백도씨에 있습니다.
저작권법에 의하여 한국 내에서 보호를 받는 저작물이므로 무단전재와 복제를 금합니다.

* 잘못된 책은 구입하신 곳에서 바꿔드립니다.

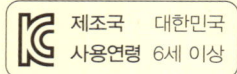